ບິກ

ຂຽນໂດຍ: ຄິມ ສິມອນກິນ

Library For All Ltd.

ອົງການ Library For All ແມ່ນອົງການທີ່ບໍ່ຫວັງຜົນກຳໄລ ທີ່ມີພັນທະກິດທີ່ຈະເຮັດໃຫ້ທຸກຄົນ ສາມາດເຂົ້າເຖິງແຫຼ່ງຄວາມຮູ້ ຜ່ານບະວັດຕະກຳຫ້ອງສະໝຸດດິຈິຕອນ. ເຂົ້າເບິ່ງລາຍລະອຽດເພີ່ມເຕີມທີ່: libraryforall.org

ປົກ

ຈັດພິມຄັ້ງທຳອິດໃນປີ 2019. ແປ ແລະ ຈັດພິມໃນ ສປປ ລາວ ປີ 2019.

ຈັດພິມໂດຍ: ອົງການ Library For All
ອີເມວ: info@libraryforall.org
URL: libraryforall.org

ປຶ້ມພາສາລາວເຫຼັ້ມນີ້ ຖືກສະໜັບສະໜູນໂດຍການຮ່ວມມືຂອງ

ປົກ
ສົມອນກິນີ, ຄົມ
ISBN: 978-9932-09-035-8
SKU00831

ບົກມີບົກ.

ແມງກະເບື້ອມີປີກ.

ແມງກະປິມິປິກ.

ເຈຍມີປີກ.

ເຜິ້ງມິປກ.

ແມງວັນມີປີກ.

ຍຸງມີປີກ.

ຍິ້ມນ້ອຍໆ.

ໄກ່ມີປີກ,
ແຕ່ບໍ່ສາມາດບິນໄດ້.

ຂໍ້ມູນທາງບັນນາບຸກົມຂອງຫໍສະໝຸດແຫ່ງຊາດ

ຄຳ ສິມອນກົນ

ປຶກ 1 / ໂດຍ ຄຳ ສິມອນກົນ. -- ວຽງຈັນ: ມັກອ່ານ, 2020

24 ໜ້າ: ພາບປະກອບສີ; 21 ຊມ
1. ວັນນະກຳສຳລັບເດັກ
I. ຊື່ເລື່ອງ

808.899282 – dc21
ISBN 978-9932-09-035-8
ເລກທະບຽນພິມຈຳໜ່າຍ: ຕາມທບ 118 ພຈ 03022020

ກ່ຽວກັບຜູ້ຂຽນ

ຄິມ ສິມອນກິນີ ເປັນຜູ້ຊ່ວຍສາດສະດາຈານຢູ່ໂຮງຮຽນເດັກນ້ອຍ ແລະ ໂຮງຮຽນປະຖົມສຶກສາຢູ່ທີ່ມະຫາວິທະຍາໄລ ແຄນເບີຣາ, ປະເທດອິດສະຕຣາລີ. ຄິມ ໄດ້ເຕິບໃຫຍ່ຢູ່ເມົືອງແຄລ, ລັດ ຄວີນແລນ. ລາວມີຄວາມສຸກທີ່ໄດ້ເຮັດວຽກຢູ່ ປະເທດປາປົວນົວກິນີ ເພາະມັນເຮັດໃຫ້ລາວຄິດຮອດ ຊ່ວງເວລາທີ່ຍັງເປັນເດັກນ້ອຍ. ຄິມ ມັກໃນການອ່ານ ແລະ ເຊື່ອວ່າ ເດັກນ້ອຍທຸກຄົນຄວນໄດ້ອ່ານປຶ້ມ ທີ່ມີເນື້ອຫາກ່ຽວຂ້ອງ ດ້ານວັດທະນະທຳ.

ທ່ານມັກປື້ມເຫຼັ້ມນີ້ບໍ່?

ທ່ານສາມາດອ່ານປື້ມແບບນີ້ໄດ້ເພີ່ມເຕີມ
ທີ່ຜະລິດໂດຍອົງການ Library For All

ອົງການ Library For All ຜະລິດສື່ການອ່ານ ທີ່ມີຄຸນນະພາບ
ເໝາະສົມກັບວັດທະນະທຳເພື່ອການສຶກສາ ໂດຍນຳໃຊ້ບະອັດຕະ
ກຳແຮັບພິເຄຊັ້ນທ້ອງສະໝຸດແບບອິນບຸກ. ພວກເຮົາເຮັດວຽກຮ່ວມ
ກັບນັກຂຽນໃນທ້ອງຖິ່ນ, ຄູອາຈານ, ທີ່ປຶກສາດ້ານວັດທະນະທຳ,
ລັດຖະບານ ແລະ ອົງການຈັດຕັ້ງທີ່ບໍ່ຂຶ້ນກັບລັດຖະບານ
ເພື່ອມອບຄວາມສຸກຂອງການອ່ານໃຫ້ແກ່ເດັກນ້ອຍ ທຸກໆແຫ່ງ.

ມາອ່ານນຳກັບເຮາະ!
libraryforall.org